少林秘传绝技丛书

少林八段錦古传秘功

邓方华　编著

人民体育出版社

图书在版编目（CIP）数据

少林八段锦古传秘功 / 邓方华编著. -- 北京 : 人民体育出版社, 2019 (2024.5重印)
（少林秘传绝技丛书）
ISBN 978-7-5009-5482-8

Ⅰ. ①少… Ⅱ. ①邓… Ⅲ. ①少林武术－八段锦－基本知识 Ⅳ. ①G852.15

中国国家版本馆CIP数据核字(2023)第036314号

*

人民体育出版社出版发行
三河兴达印务有限公司印刷
新　华　书　店　经　销

*

880×1230　32开本　4.5印张　99千字
2019年3月第1版　2024年5月第3次印刷
印数：5,501—7,500册

*

ISBN 978-7-5009-5482-8
定价：20.00元

社址：北京市东城区体育馆路8号（天坛公园东门）
电话：67151482（发行部）　邮编：100061
传真：67151483　邮购：67118491
网址：www.psphpress.com

丛书插图制作

（排名不分先后）

邓方华	高　翔	凌　召
潘祝超	谢静超	赵爱民
黄守献	王松峰	李贡群
高　绅	黄冠杰	黄婷婷

总 序

2017年1月25日，中共中央办公厅、国务院办公厅印发了《关于实施中华优秀传统文化传承发展工程的意见》（以下简称《意见》），并发出通知，要求各地区各部门结合实际认真贯彻落实，体现了党和政府对中华优秀传统文化的重视。

在国民教育方面，《意见》提出：加强中华优秀传统文化相关学科建设，重视保护和发展具有重要文化价值和传承意义的“绝学”、冷门学科。在保护传承文化遗产方面，《意见》提出：推动民族传统体育项目的整理研究和保护传承。

中华武术有着几千年发展的历史，是中华民族在社会实践中创造的宝贵财富，是中华文化的重要组成部分。少林武术作为中华传统武术的优秀代表，其秘传绝技与武学秘籍一直是武术爱好者竞相学习和研究的对象。目前在国家的重视下，少林武术发展形势良好，但也存在可供学习的少林武术书籍相对较少的问题，因此，需要对少林武术的相关技艺进行整理出版，使中华武术进一步发扬光大。

《少林秘传绝技丛书》应运而生。本系列丛书依据“健康第一”的教育理念和“便于传承与发展”的要求，邀请有关专家参与编写，披露了少林武术的多种秘法绝艺。先期出版的有《少林点穴绝技》《少林擒拿绝技》《少林擒跌绝技》《少林短打绝技》《少林腿法绝技》《少林古传擒拿与点穴》《少林古传技击术》《少林八段锦古传秘功》《少林易筋经古传秘功》9本，后续还会出版相关系列图书。这套丛书既可作为武术爱好者学习研究的参考用书，也可作为各级各类武术教员的教学用书。

本系列丛书注重图文并茂，避免抽象化和纯理论化，意在提高现代武术爱好者的学习兴趣；立足于理论联系实际，突出学以致用要则；力求简洁明晰，便于阅读，便于练习。当然，不足之处在所难免，欢迎读者批评指正，以利今后进一步充实与完善。

内容提要

1. 八段锦是一种非常古老的养生精功，有“功中锦缎”之美誉。而八段锦之少林一派更是其中名功，沿袭少林宗风，融汇外家武功，架势威猛，动作有力，养生同时还可增强人体柔韧灵活力与整壮混元力，利于技击攻防。

2. 武穆八段锦，据传创自南宋岳飞，为强身健体、锻炼筋骨、增益气力之良法，与“易筋经”有异曲同工之妙。武穆八段锦，常被誉为少林八段锦之正宗，功法简绝，古朴实用；练法独特，功效显著。

3. 少林罗汉八段锦，凡行此功，夜行一遍，昼行两遍。功至百日，身强力壮，童子可以祛积聚，中年足以益气力，老者亦能活血脉。

4. 南少林甘凤池外壮神勇八段锦，提、举、推、拉、揪、按、抓、拧。依此八法，努力行之，久久成功，力充周身。用时照法取力，无不响应，骇人听闻，古所谓手托城闸、力能举鼎，俱非异事。

目 录

第一章

少林岳飞八段锦

八段锦之法，创自南宋岳武穆，盛传于北方，实为强身健体、锻炼筋骨之良法，与易筋经有异曲同工之妙。

岳飞画像

岳飞题字

余之得授其法也，犹在幼时。佣叟归姓者能技击，以余之体弱多病也，请于余祖父，愿以八段锦之法相授。时重文轻武之见犹深，祖父心颇不然，而姑命试习之。

一年而效乃大著，饮食骤增，身体大健。乃信其术之验，益勤习之，从此不复如前之孱弱多病矣。

兹特将昔者归叟授余之原抄本，加以按语，刊行于世。（金倜庵）

岳飞八段锦古本封面

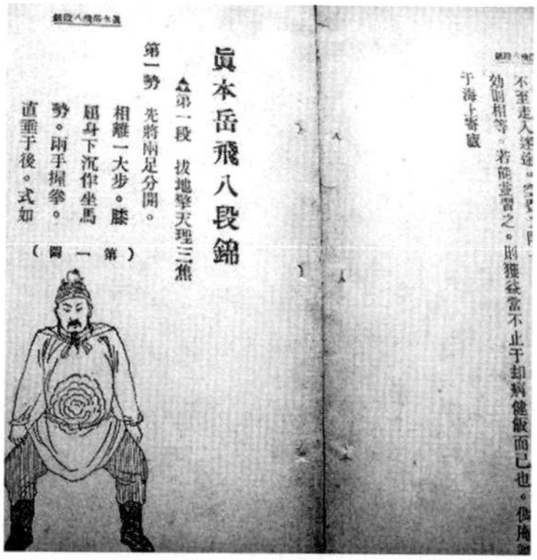

岳飞八段锦古本内文

一段锦　拔地擎天理三焦

第一势

【练法】

1. 先将两足分开，相离一大步，膝屈、身下沉，作坐马势；两手握拳，直垂于后。此为起手之前势。（图1–1、图1–2）

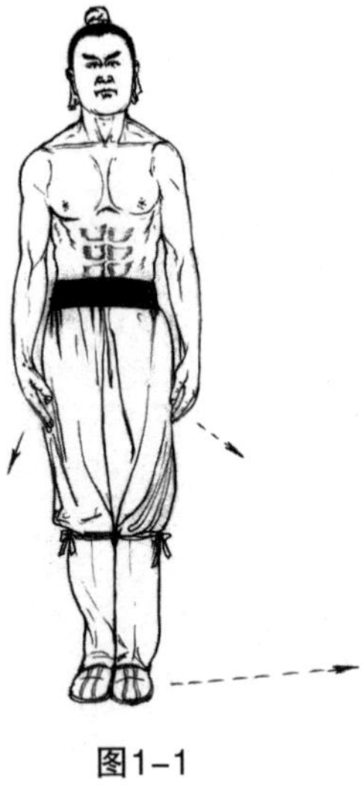

图1–1

图1–2

2. 然后，两拳松开成掌，后屈肘从前面向上提起，手掌心向下，指尖相对，举至齐眉。（图1–3）

图1–3

3. 更运足全力于腕臂，两掌向下缓缓用力捺下；两膝挺直，身即乘势下压。以两掌及地为度，头顶向前，左右两手指尖相向，两足跟不宜上提，气须凝固，呼吸宜轻缓。因胸腹紧压，内部受逼故也。（图1–4）

图1–4

第二势

【练法】

1. 双掌下捺及地时，即屈指紧紧握拳，拇指第二节与余四指第二节相扣，上身即缓缓收起。复坐马势，两臂用力挺直于前，拳宜紧紧如握重物。（图1–5）

2. 然后，屈肘，两拳向上缓缓提起，须用十分气力，提至齐胁为度。（图1–6）

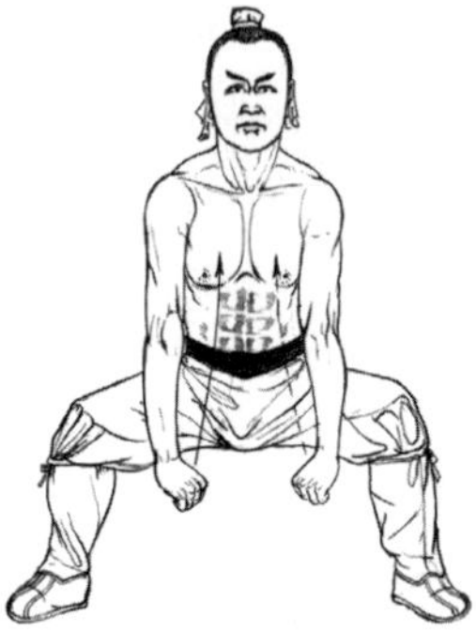

图1–5

图1–6

第三势

【练法】

1. 两拳提至胁际时，即撒拳成掌，掌心向下，指尖相向。然后用力将肘下扎，前臂及腕掌由外向内翻起，至掌心翻至向上时，用足全力，将两掌向上徐徐托起，如托千斤重闸，至臂直为度。两手上托时，头向后仰。目视指尖。（图1–7、图1–8）

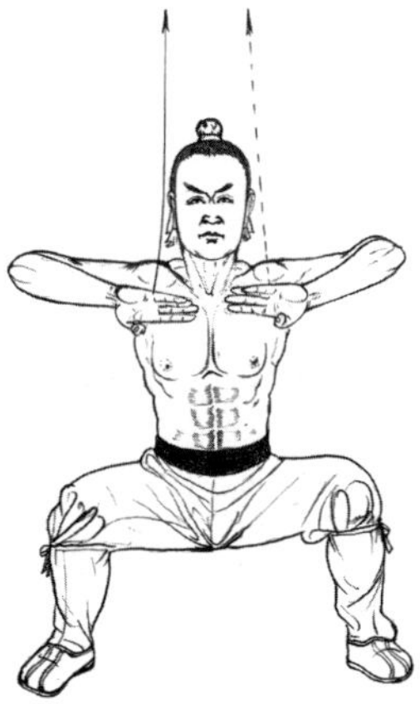

图1–7

图1–8

2. 托一炊时，手从左右落下，还原。（图1–9）

图1–9

【要点】

此段三盘俱至，为清三焦郁热之法。两手下按，上身俯压，此属下盘；两拳上提，齐胁而止，此属中盘；翻掌上托，如举泰山，此属上盘。合上中下三焦也。

二段锦　开弓势须如射雕

第一势

【练法】

1. 亦作坐马势。（图1–10）

2. 两拳上提，右拳置左肩下，肘屈当胸而平于肩，拳面向前，拳口向左；左肘微屈向后，左拳斜举肩尖前，与右拳相对，拳背向前，拳口向左，上身略偏于左，头因之左转。目直视左拳。（图1–11）

图1–10

图1–11

3. 然后，左手向外托出，右手向右猛拉，右肘力向后逼，至左臂挺直，右拳至右肩前，高与肩齐为度，此时上身仍向前，而头转于左。目视左拳。（图1–12）

图1–12

4. 至左臂挺直、右臂拉足，一呼吸后，头即缓缓向右旋去。（图1–13）

5. 手下落，还原。（图1–14）

图1–13

图1–14

第二势

【练法】

1. 与第一势相同，但左右易位行之耳。左拳置于右肩下，肘屈当胸而平于肩；右肘微屈向后，右拳斜举肩尖前，与左拳相对。然后右拳外托，左拳内引，头先偏右，更向左一旋视，缓缓旋回。（图1–15～图1–17）

图1–15

图1–16

图1–17

2. 余与第一势完全相同。（图1–18）

图1–18

【要点】

开弓之势，古有一手托泰山、一手抱婴孩之训。

此段虽非真执弓抉射，亦宜体会其意而行，庶名实之相符。故外托之手，宜用十二分力量，缓缓伸出，如执弓背。后拉之手，宜拳、肘、肩三部相平作抱物状，如引弓弦。外托之拳，宜略向上斜，唯臂须直，符射雕意也。头旋视后方者，察引弦之手，果相平否也。

三段锦　调理脾胃手单托

第一势

【练法】

1. 初亦作坐马势。（图1–19）

2. 两拳上提，右拳及腰而止，拳口向外，拳心向上，近小指处紧贴腰部；左拳高与肩平，而伸出于头右之外约半尺处，拳口向上，拳心向外，上身偏右。目视左拳。（图1–20）

图1–19

图1–20

3. 然后，两腿挺直，左拳下压，斜垂于右足尖外二三寸处。（图1–21）

图1–21

4. 更将左拳从下向左宕转，齐下半身划一半大环，上身亦因之扭绕至左方，徐徐升起。至直立时，上身向正左，左拳变掌屈置于左肩前，掌心向上，指尖向后；右拳亦变掌置于腰间，翻掌向下，指尖向前。（图1–22、图1–23）

图1–22

图1–23

5. 更将左掌用力缓缓向上托，右掌用力缓缓向下捺，以臂直为度。（图1-24）

图1-24

第二势

【练法】

1. 与第一势相同，唯左右易位行之耳。（图1-25）

图1-25

2. 先左拳仰置腰间，右拳举至头左外，身偏于右。然后贴身下压，右拳向右拖转，划一下半身半大环。上身缓缓升起，偏向右方，右掌屈右肩前，左掌置左腰下。更将右掌用力缓缓上托，左掌向下用力缓缓下按，以臂直为度。（图1–26 ~ 图1–31）

图1–26

图1–27

图1–28

图1–29

图1-30

图1-31

【要点】

此段乃清理脾胃垢热之法，故必将上体俯仰，使胸廓开展，脾胃翕张，而获调和之益。

俯身向下时，两膝宜直。至蓄掌待发时，左掌在上，则身偏于左，略向下倾。

至两臂举直时，身直，头略向后仰。

两臂皆斜置，左行则左膝微向前屈，右行则右膝微向前屈，唯在后之腿宜伸直。

四段锦　欲治劳伤向后瞧

第一势

【练法】

1. 亦先作坐马势。（图1–32）

2. 两手握拳，提至胸，次折肘翻拳向上交叉成十字形，拳口向上，左拳在外，右拳在内。（图1–33）

图1–32

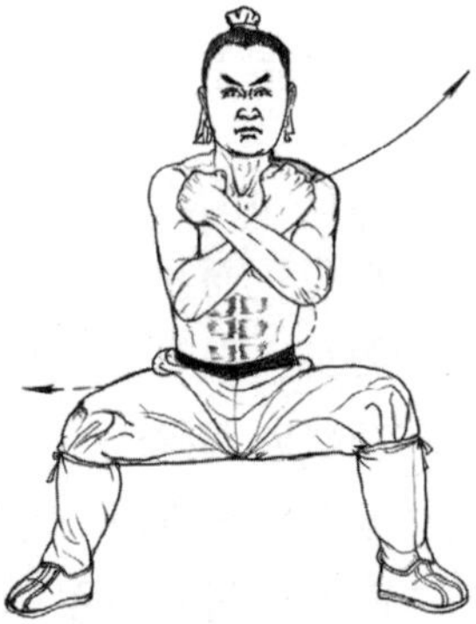

图1–33

3. 然后，将两腿缓缓直立，上身拗向左面；两拳撒开，两臂外分，右掌向上托，左掌向下捺；头旋转向后，与左肩平，不宜倾侧，目向后下视，以能见右踵为止。（图1–34）

图1–34

第二势

与第一势相同，唯左右、方向互易耳。

【练法】

1. 两拳交胸时，右拳在外，左拳在内。（图1–35）

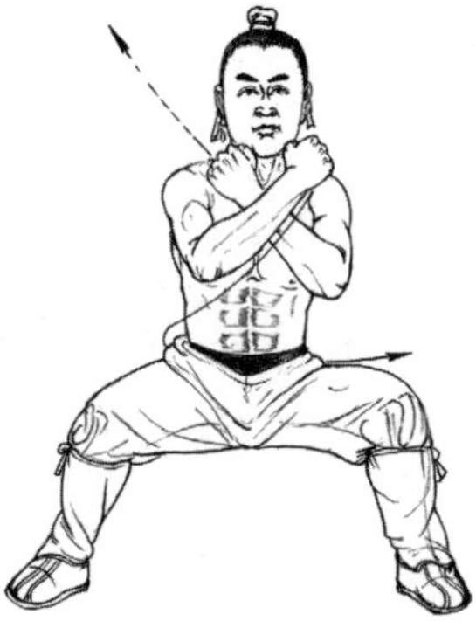

图1–35

2. 身向右拗，左掌上托，右掌下捺，头亦右旋，以目能自视左足跟为止。随即收至成坐马势。（图1–36、图1–37）

图1–36

图1–37

【要点】

五劳七伤，患在肾部，故此段当重于腰。拗身转腰，即所以使腰肾伸舒收缩而调理其内部也。

目后顾自视其踵者，所以清相火、去邪浊也。左右互行，使无偏倚之弊，而均其力也。

行此段者，为时宜稍长，着力练之，必获奇效。如初学者每以时久为苦，则可逐渐加长，亦不必过事勉强，以致疲乏，反失其效，宜慎之。

五段锦　握固定睛增膂力

【练法】

1. 亦作坐马势。（图1–38）

2. 两手握拳，上提齐腰而止，拳背向下，拳口向外，近小指处紧贴腰间，肘突于后，宜紧合，不能向两旁膨出；头略上昂，两眦须睁至极度，目睛突出前视，须如金刚怒目。然后将双拳用十二分力量，紧紧握固，两肘极力向后挫，须后引至不能再向后时为止。如是运力约四十九次呼吸时，松拳松目，复第一图势。（图1–39）

图1–38

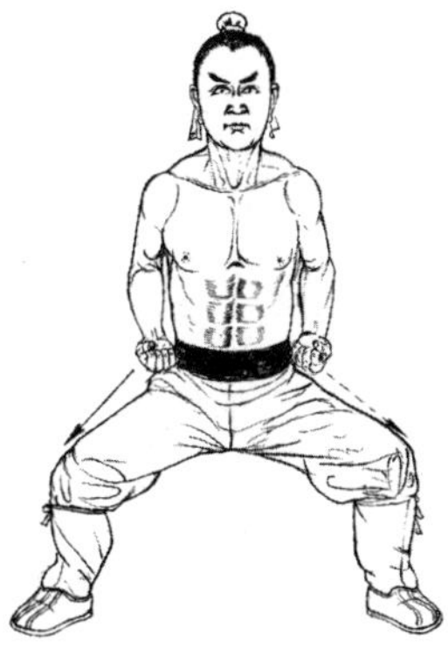

图1–39

时能延长则更妙，初学如力不能支，即不及四十九次呼吸，亦可逐渐增长。

【要点】

此段完全练两臂及腿足之力。

行时宜用十二分气力，且须镇定下盘，使全身不致动摇。

目怒视如临大敌者，所以凝神摄气，固全身也。

行时呼吸宜照常，不宜屏气。否则，行功未毕而喘息，因之则气散而神亦耗矣。于此而欲求获其益，不待智者而知其绝不能也，切宜慎之。

六段锦　攀趾摇摆实肾腰

第一势

【练法】

1. 亦作坐马势。（图1-40）

图1-40

2. 先将两手握拳，上提至胁际，上身即因之上升，两腿直立。然后，贴身下压，两拳变掌，亦随之下按，至上身平置为止。势略，如图1-4，唯彼以两掌下按，此则两手攀住足尖，为稍异耳。（图1-41、图1-42）

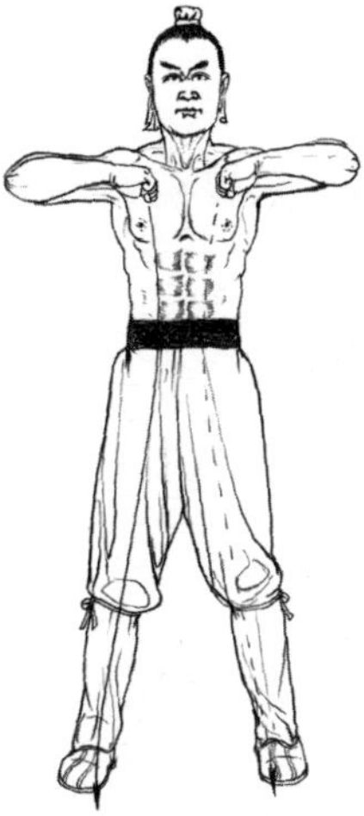

图1-41

图1-42

3. 更将头向左摇，臀尾即亦向左摆动。（图1-43）

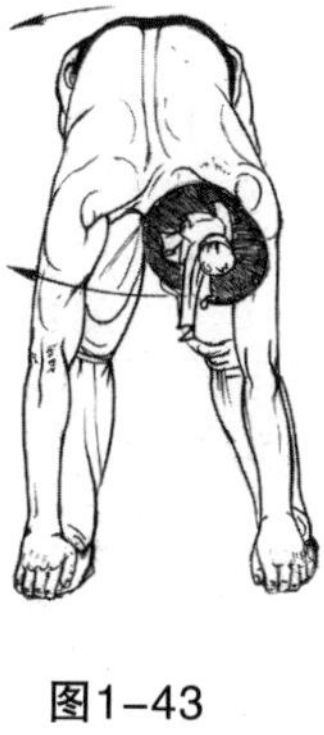

图1-43

第二势

与第一势相同，唯左右互易方位耳。

【练法】

1. 待头摇臂左摆至极度时，即摇头向右，摆臂至右方极度处，更向左行之。（图1–44）

2. 左右各行二十四次，然后复原势。（图1–45）

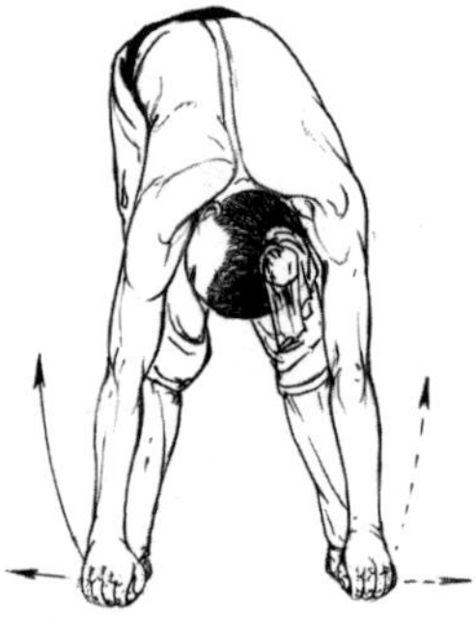

图1–44

图1–45

【要点】

此段实为练腰肾无上妙法。

夫摇摆者，摇其头，摆其尾也。摇头摆尾，走兽类善为之，而其筋骨实较人为强，良亦有故。今俯身攀足，所以模仿兽形也。

如是，则全身之筋络血脉，皆紧张之极，然后更摇其头，而摆其尾，则开展舒适，自得自益。且头尾向左，而腰肾之部必突向右；头尾向右，腰肾必突向左。左右交互行之，使无偏倚之病，故曰此为练肾腰之无上法也。

七段锦　搬足矗立去心火

第一势

【练法】

1. 全身直立，两足紧并，双掌垂于股际，两腿须用足全力，务使下盘坚实，切忌动摇。（图1–46）

2. 然后，将左足缓缓向上举起，两手即从左右向前挽去，攀住左足。此时，右足单足着力，左足前举，膝微屈，小腿平直，两臂直举于前，握住足趾，用力向内扳，而足则须用力向外蹬。（图1–47、图1–48）

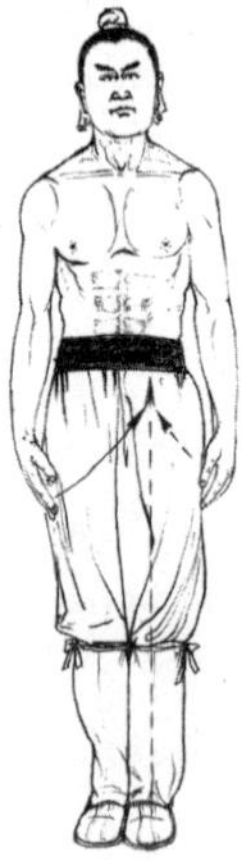

图1–46

图1–47

图1–48

第二势

【练法】

如上势，举约至十二次呼吸时，两手撒开，与腿皆缓缓放下。然后，右足前举，两手紧攀，左足单足矗立。（图1–49 ~ 图1–51）

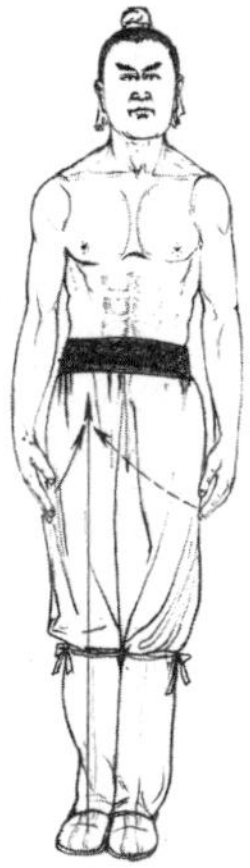

图1–49

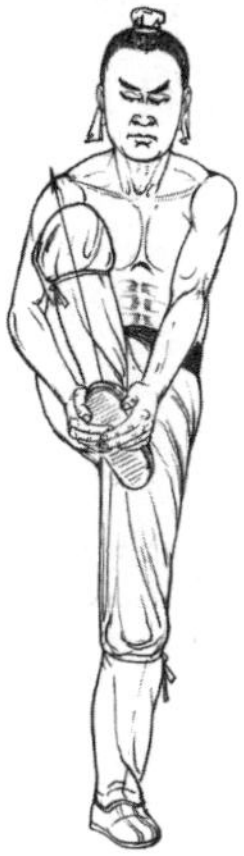

图1–50

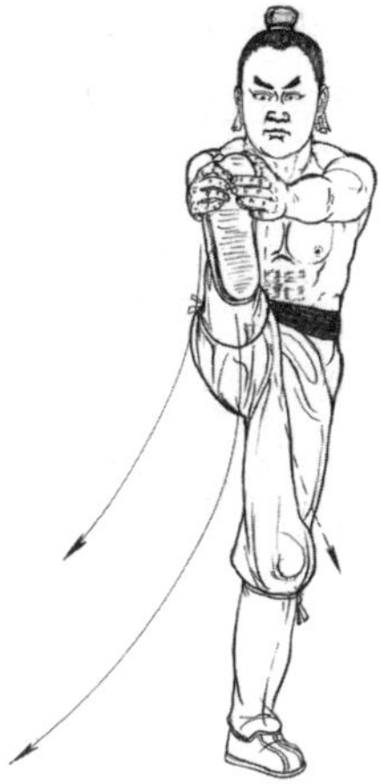

图1–51

及举至十二次呼吸后，更缓缓放下。如是左右交替行之，各行十二次而止，行时呼吸宜如常。

【要点】

此段较以上六段为难，盖一足矗立，非具有极大力量，实不易稳固。

足上举宜缓，下落宜轻，上身最忌俯仰倾侧。一足矗立，正所以镇其中，持其平，人得中平之道，则心火自去矣。心火既去，则百病不生，一切邪魔自远，故心平气和为养生之要诀。

行时宜徐缓，若急骤行之，则非但足跟容易摇动，且神不能凝，气不能聚，绝不能收其功效也。习者宜注意之。

八段锦　俯仰七颠百病消

第一势

【练法】

1. 亦作坐马势。（图1–52）

2. 拳变掌，上抬至胸际，掌心向上，手指相对。（图1–53）

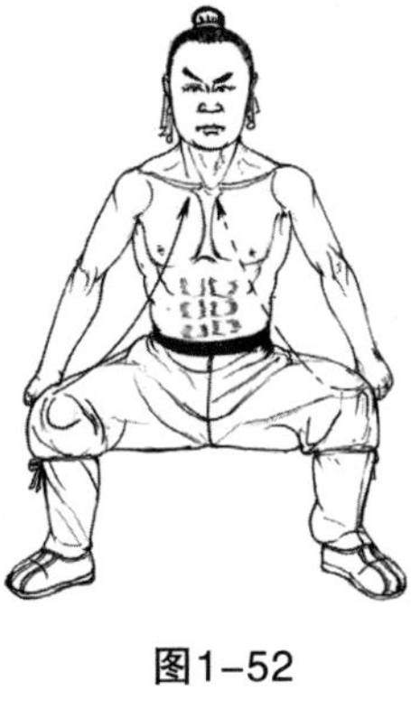

图1–52

图1–53

3. 然后，将双掌齐心向外推出，以臂直为止，此时须将掌心翻向外方，而双掌推出时，两踵即离地上举，足尖着地，上身亦乘势向前略俯。（图1–54）

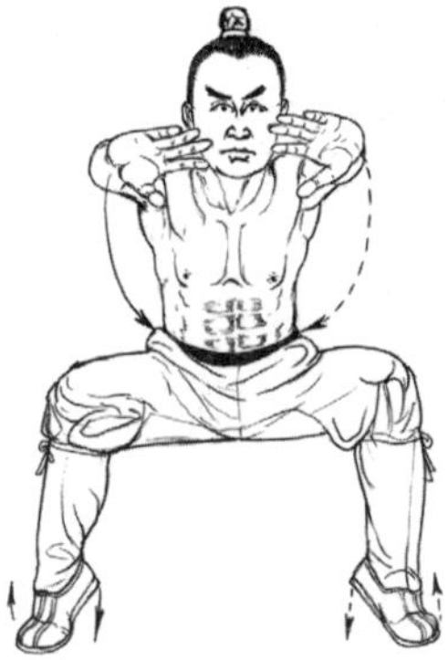

图1–54

第二势

【练法】

两臂推直后，略一顿挫，即反掌向内，屈指握拳，猛力向内拉引；两踵着地，使足尖上翘，上身即略后仰，至正平而止。此时两手紧紧握拳置于肋旁，两肘紧合，用力向后挫，至极度而止。如是一俯一仰为一颠，共行七颠而止。（图1–55）

图1–55

收势还原。（图1–56、图1–57）

图1–56

图1–57

【要点】

八段之中，唯此段最难，而功效亦最巨。

行时全身各部莫不受震撼，血脉、筋络、内脏等部，乃因之而得调和，故可消百病也。

其难处全在于第二势，猛力拉引，身又仰后，又须以足跟着地，足尖上翘。若气充力聚，于此一拉引，鲜有不倾跌者；学者行此段时，千万提心为要。

第二章

少林武穆八段锦

岳武穆八段锦，吾乡人多能之，其姿势与坊间印本大同小异。

某岁，余父以事过郑，旅舍遇老人，苍颜白发，相貌奇特，年逾古稀，而举止神情，无异少壮。余父见而异之，曰："此必柔术家也。"前与语，叩以所能。老人曰："余无能也。"固请之，老人乃曰："实告君，柔术之事，余素不习，所能者，武穆八段锦耳。"余父曰："八段锦固能之，今试一演，先生亦肯进而教之乎？"老人曰："可。"余父演毕，老人笑曰："是盖世间印本所传，失其真矣。嘉君好学，请以所能者告君。"

岳武穆力开硬弓图

老人乃自演示余父，果大异。余父惊喜，即求指正，老人逐处解析，理乖正误，顷刻毕事。老人又曰："余今年且八十矣，家中丁口数十，无论男女老幼，皆能八段锦。四十年来，全家不知医药为何物。君但持之以恒，日日为之，必能证余言之不谬也。"

余父归而授余，余赋性疏懒，不克承父志。客岁多病，不得已，乃日行功一次，为时约四五分钟。一年以来，无或间断，诸病全消，体力渐壮。间或不慎，偶感风寒，则加功行之，不药自愈。行功之时，腹中鼓荡作响，声闻数步外，汗亦涔涔下。功毕，气舒神旺，怡然自得。于是，知老人之言，诚不我欺。使世之人，不似余之疏懒，勤加习练，神仙不难致矣。

余不敢秘，谨将所知，公诸当世。（濂浦）

一段锦　提地托天理三焦

【练法】

1. 两足相距约二足半，开胯屈膝，两臂下垂，面正身直，平心静气。（图2–1、图2–2）

图2–1

图2–2

2. 两手自两旁上举，与额齐，手指相对。（图2-3、图2-4）

图2-3

图2-4

3. 贴身下压，全身下伏，手将及地止。（图2–5 ~ 图2–7）

图2–5

图2–6

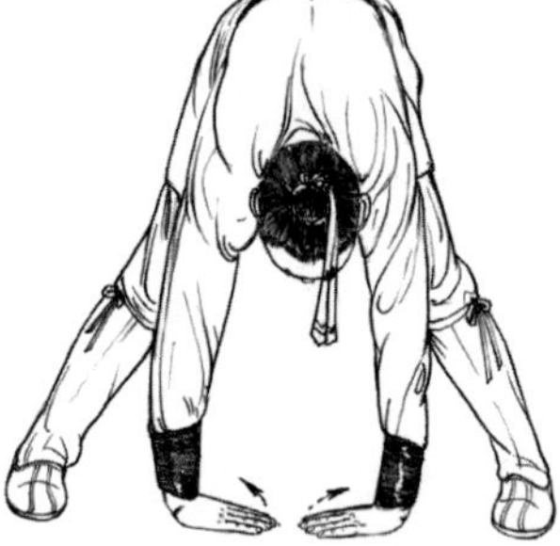

图2–7

4. 转肘，使手心向前。手握拳，与身俱上提，意若将地带起，至乳前止。（图2-8～图2-10）

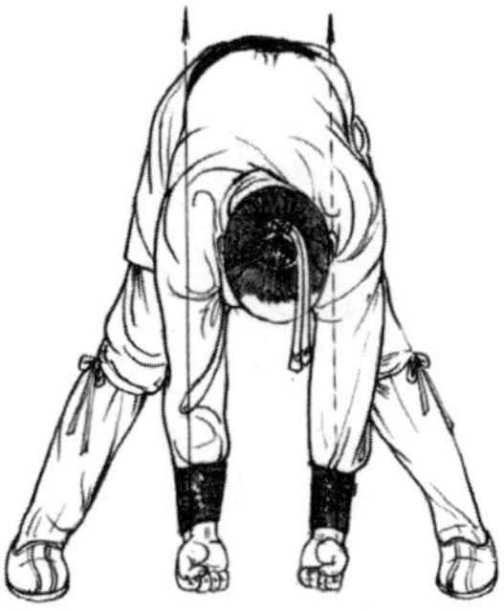

图2-8

图2-9

图2-9附图

图2-10

5. 伸掌，指尖向后，手心朝天，用力上擎，意若将天托住，两臂成圆形，指与指对。目视指尖。（图2–11、图2–12）

图2–11

图2–12

6. 稍停，收势。（图2-13、图2-14）

图2-13

图2-14

【要点】

自贴身下压，当两手自眉际落至胸际时，可作合掌状，手指向天，掌心相对，手背与前臂成90°直角。然后指尖对指尖，随身下按，盖借此可以着力练其手腕也。

转肘握拳时，势宜带疾。上提时两臂宜直。直提至无可再提，乃屈肘再提，提至乳前而止。

转肘伸掌，由肩窝下托出，两手擎天，须得势得力。

二段锦　左右开弓如射雕

【练法】

1. 两手握拳于左肩前。（图2–15）

2. 两手分开，如开重弓，目神注左手，右肘与肩平，身不可倚歪。（图2–16）

图2–15

图2–16

3. 转首，目注右侧。（图2-17）

4. 转首，目复注左手。（图2-18）

以上为左开弓，做毕，再为右开弓。

图2-17

图2-18

5. 亦分四节，与前左右相反，姿势则同，毕则收势。（图2-19 ~ 图2-23）

图2-19

图2-20

图2-21

图2-22

图2-23

【要点】

两手握拳置肩前，有若把弓，亦宜以目神注之。盖练八段锦，不独练势练力，尤宜练神也。各段皆仿此。

左手向左面，斜向上伸出，首微转仰注视，如向空中射飞雕。

转首者，一视肘之与肩平否；二亦回旋以运动头颈也。

当左右斜向作射飞雕状时，躯干最易向右左倾倚，练者须注意矫正其躯干。久练之后，虽弗留意，自屹然不倾斜矣。

三段锦　健理脾胃须单托

【练法】

1. 身右转，足不动。左手举至面旁，裹肘；右手置胸前，手心朝天。（图2-24）

2. 全身竭力拗转伏地。（图2-25）

图2-24

图2-25

3. 拗转向左，至极度。（图2–26）

图2–26

4. 左手向天单托，右手向下平压，目神注左手指。（图2–27、图2–28）

图2–27

图2–28

5. 以上为左手单托。做毕，再为右手单托，姿势与前同，亦分四节，唯左右变易，毕则收势。（图2-29 ~ 图2-34）

图2-29

图2-30

图2-31

图2-32

图2-33

图2-34

【要点】

竭力转伏地时，手指可同时舒伸，左掌向下劈去。

拗转向左时，左掌亦同时自右足尖直劈至左足尖，再转过左足至后面，掌心仍内向；身躯随同左转，足不动，此即拗转至极度之谓。然后提臂至肩窝内，转左手心向上，预备托出。

四段锦　五劳七伤向后瞧

【练法】

1. 两手交叉，左手在外，右手在内。（图2–35）

2. 身拗向左，两臂分开，右手向上，左手向后，目随左手，以能视右足跟为止。（图2–36）

图2–35

图2–36

3. 以上为自左后瞧。做毕，再为自右后瞧，亦分二节，与前同，唯左右变易，做毕，收势。（图2–37 ~ 图2–39）

图2-37

图2-38

图2-39

【要点】

此段专在练腰，亦带练颈，且及肩臂。故于转腰拗向左而瞧视后足跟时，能历时稍长，以着力练之，最佳。

五段锦　搭拳瞪目加膂力

【练法】

握拳胸旁，目向前直视，聚精会神，如临大敌。稍停，收势。（图2–40）

图2–40

【要点】

握拳于胸旁，置肩窝下，拳心向上，两肘用力往后。

六段锦　摇头摆尾固肾腰

【练法】

1. 身伏作兽形，手不着地。（图2–41、图2–42）

图2–41

图2–42

2. 头摇向右，臂亦摆向右；头摇向左，臂亦摆向左。摇摆无定数，毕则收势。（图2-43 ~ 图2-46）

图2-43

图2-44

图2-45

图2-46

【要点】

头尾摇摆时，背脊不宜弯曲。

凡练八段锦者，于摇头摆尾一段，多立而为之；而此俯身像兽状，则全身筋骨紧张，脊髓亦受影响。如是做摇头摆尾一段，更为着力多多，而臀部摇摆尤为吃劲也。

再凡见所谓八段锦者，一律作“摇头摆尾去心火、两手攀足固肾腰”二语，而此则反是，“摇头摆尾固肾腰、双手攀足除心疾”。何说为当，学者自认。

七段锦　双手攀足除心疾

【练法】

1. 左足向前举起，双手搬定足心，稍停。（图2–47）

图2–47

2. 右足亦如之。毕则收势。（图2–48、图2–49）

图2–48

图2–49

【要点】

如是交互为之，约六七次。扳足时立足宜直，在六段摇摆之后、七段扳足之前，宜稍间以休息，做深呼吸最佳。七八段之间亦如之。

八段锦　马上七颠百病消

【练法】

1. 两手置胸旁，掌心朝上。（图2-50、图2-51）

图2-50

图2-51

2. 两掌推出，与心平，掌心向外，身稍前俯，同时，足跟离地。（图2–52）

图2–52

3. 两手撤回，身亦起仰，同时足尖离地。（图2–53）

图2–53

4. 二三两节为一颠，至七颠止，收势。（图2–54、图2–55）

图2–54

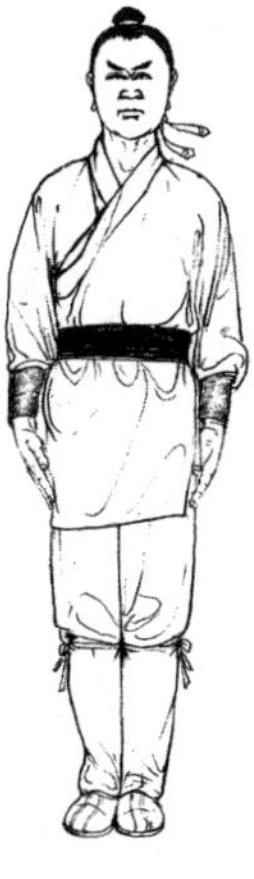

图2–55

【要点】

八段锦之中，此段最为剧烈，练毕之后，宜作深呼吸数次。一时尤不宜遽尔停止其肢体之运动，宜缓缓将两臂自两旁举起，同时缓缓举其足踵，而作深长之吸气；再缓缓将两臂自两旁垂下，同时缓缓下其足踵而呼气。如是三四次后，再将两臂自前面举至头上，而自两旁垂下，同时缓缓上下足踵而为深长之呼吸。约三四次，然后即可随意缓步，再呼吸若干次而毕事；或竟即停止运动，亦无妨事矣。

第六、七与七、八段之间，间略休息，乃为初学者而语之。若久练之后，筋骨坚强，则无需此。

【附： 少林七十二艺之四段功】

四段功，“七十二艺”软硬功夫之基本练习，与“岳武穆八段锦”相仿，如拳术之先习“骑马势”及“潭腿”者也。因其练时，兴趣愈增，练习愈勤，而其效亦著，且不占地位，而易得奇效，其法至简，而其理至深也。

1. 第一段　托天提地理三焦

身正立，胸前迭，臀后突。目前视，若含怒容。左右手相组，两臂及两腿竖直，膝盖靠近，足跟、足尖亦然，或可为骑马势。

两臂徐向左右挺直，两掌举起，经过成一圆形。候手举至头顶，十指互叉转，掌心向上，如托千斤重物。手须尽力上仰，两目注视掌背，庶运用颈腭。

身体上部徐向前屈，至两掌覆地，愈下愈妙。唯两腿仍须挺直，不可稍屈。

身体上部徐向上仰，两臂用力，向左右压下，两掌经过仍须成一圆形。

复于正立姿势。唯须慢慢行之。

2. 第二段　五劳七伤望后瞧

身正立，头徐向右转，目尽力注视后方，试窥左足跟。且转头时，胸前迭，身不动，肩不斜。

头向前转复原。

头徐向左转，目尽力注视后方，试窥右足跟。

头向前转复原。亦须慢慢行之。

3. 第三段　推窗望月去心火

两足左右分开，成骑马势，胸挺出，身不可前倾。两拳握紧，各置腰际，拳心向上。目前视。

左腿下蹲伸直，如铺地锦；左手向左勾搂，右手向右猛推；身随之向右，同时，右腿前屈，目注右掌，作推窗望月状。

右腿下蹲伸直，右手向右勾搂，左手向左猛推，身随之向左，目注左掌，左足踏进。

复原成正立姿势。

4. 第四段　抓空打空力不劳

两足左右分开，成骑马势。两拳紧握，各置于腰际。

右手向前猛力击出，拳与肩平，拳心向下。左拳仍旧。

右手指张开向后掳，如抓物者然，猛力向后收，随即紧握为拳，仍置于腰际；同时，左手向前击出，拳心向下。

右拳向前击出；左拳向后抓，随即变拳，收于腰际。

至腿酸力尽为止。左足踏复原。此即俗称“抓空打空”之谓。

四段功虽短，然练习时，非澄心静气、敛力专神不为功。练习时须自然呼吸，不可使气，亦不可屏气。盖使气过度则气竭，屏气过甚则气伤，须平心静气以出之。

下俯之前，宜深呼一口。两手托天时，须手指互叉，即效力达于指端，如能提起足跟更妙。两掌覆地时，切忌用力过猛，致损肾部，亦不可中辍，视为畏途。

各种动作，亦缓而用力，勿急进功，勿求速效。功成后，不特强壮体魄，亦且为习拳练功习技之基础也。

第三章

少林罗汉八段锦图谱

此功，古名曰“八段锦”。凡行此功，夜行一遍，昼行两遍。功至百日，身强力壮，童子可以祛积聚，中年足以益气力，老者亦能活血脉。

行功一道，或全用，或摘用，俱要清心寡欲，朝乾夕惕。

行功之时，固宜存神固气，由心经而达于四肢，自然流通，略无矫强。即不行之时，作止语默，亦须全真养元，使无散乱，斯为精于行功尔。

歌诀曰：

子午卯酉昼夜还，烧酒房事不可贪。
轻击重打有先后，日就月将无间断。
昔人依此成罗汉，我辈学来做奇男。
千锤百炼犹嫌少，何惧功夫一百天。

霸王举鼎图

力拔杨柳图

千斤坠底图

大力摔牛图

一段锦　顶天立柱

先要两脚平立站定，足趾抓地，腿胯向后一坐，身挺，劲向上一挺，胸压腰凹，牙关紧，闭贲门，两肘拘紧，气自鼻中轻轻出入。

以后更换势样，俱要如此。此处使劲叉仰，双手手指向下、向前，用力伸，复握双拳，用力收回，仰拳，紧夹于肋上，取其扭筋骨也。（图3-1～图3-5）

凡伸收，俱如此用功。

图3-1

图3-2

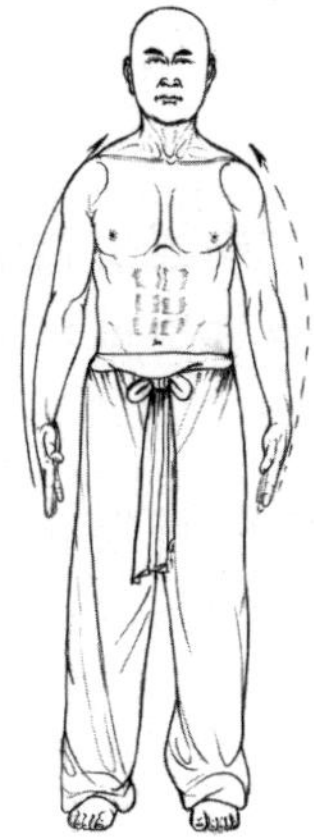

图3-3

图3-4

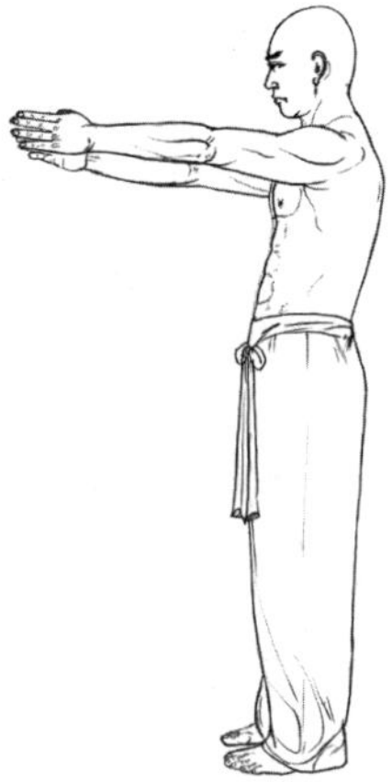

图3-4附图

图3-5

二段锦　仙人见礼

先双拳张开，指尖齐向下伸，要平直。复转指尖朝上，又转合两指尖相对，收在一处，要两中指顶住，向下慢慢按至脚面，头要抬起，如按物一般。

凡手足伸收，俱要使劲。慢慢从事，握双拳慢慢直身，收双拳于肋上，劲如拿物一般。（图3–6 ~ 图3–11）

图3–6

图3–7

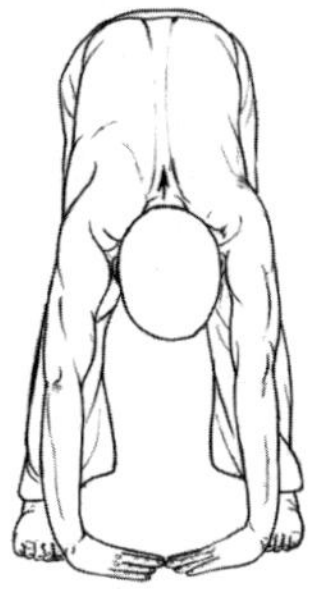

图3-8

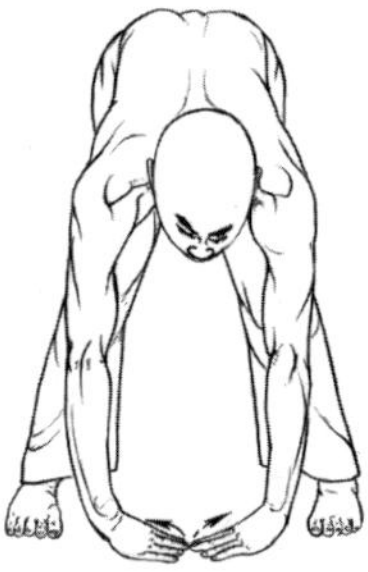

图3-9

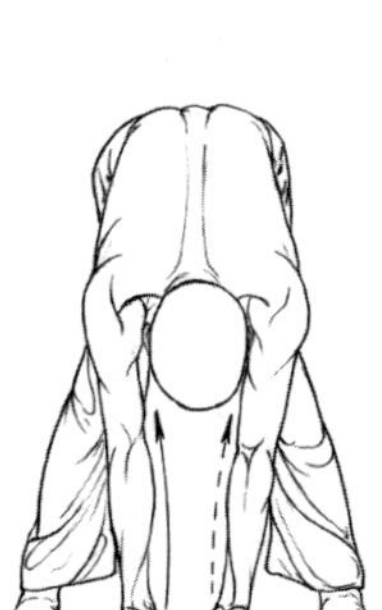

图3-10

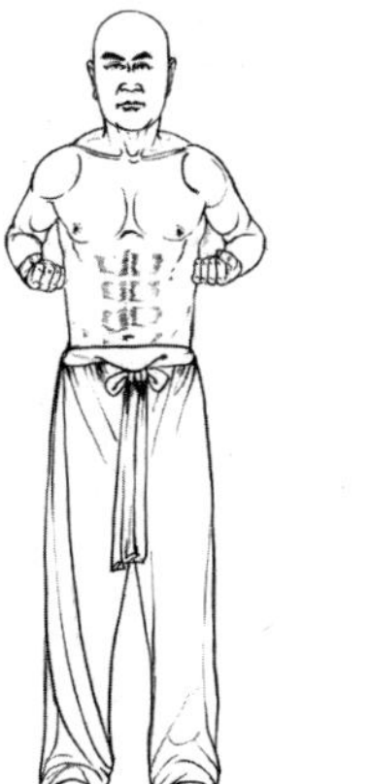

图3-11

三段锦　力推八马

伸左脚向前一步，不可泄劲，前曲后直，站定。右拳张开，转指尖朝上，向前用力伸去，如推马一般。又向外平开至身后，指尖转而向下，要捋平直，握拳弯收于肋上，如拽牛一般；复收左脚如前。（图3–12 ~ 图3–16）

图3–12

图3–13

图3-14

图3-15

图3-16

四段锦　倒拽九牛

再伸右腿，开左拳，与上势同。不过一左一右耳。（图3-17～图3-22）

图3-17

图3-18

图3-19

图3-20

图3-21

图3-22

五段锦　仰面朝天

伸左脚，与前同。双拳张开，转指尖朝上，两力齐伸，要直；单手向下，慢慢续收，并至头，直上，要两手腕相交连，身后反曲，如后倒势。（图3-23 ~ 图3-28）

图3-23

图3-24

图3-25

图3-26

图3-27

图3-28

六段锦　玉女搬花

双拳握紧，向前收于肋上。复左脚如前，先两腿前曲后直；至手身向后，则前直后曲。再伸右脚，张双拳，与上势同，不过分右左耳。（图3-29～图3-34）

图3-29

图3-30

图3-31

图3-32

图3-33

图3-34

七段锦　霸王举鼎

张双拳，齐向上伸，转合，手心向下，指尖相对，收并一处，要两中指顶住。（图3-35～图3-38）

图3-35

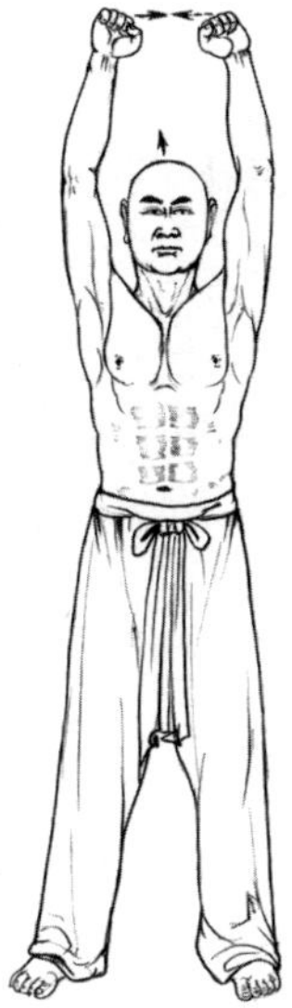

图3-36

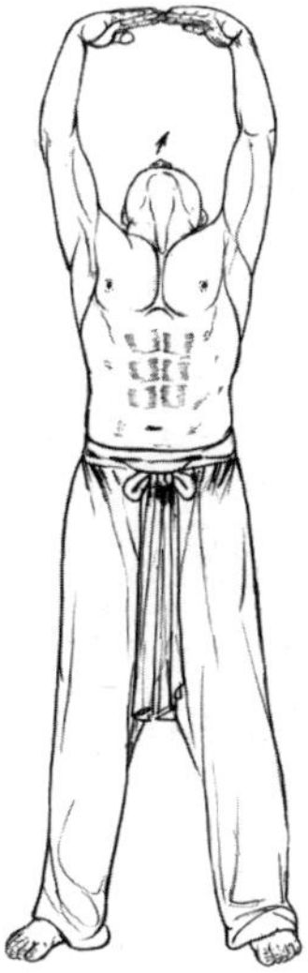

图3-37

图3-38

八段锦　白猿坠树

握双拳，连身下坠，坠至似蹲，收拳于肋上，直身，完功。要从容松腿劲，慢慢行之。又渐渐松拳劲，待气调息定，放松牙口。（图3-39～图3-43）

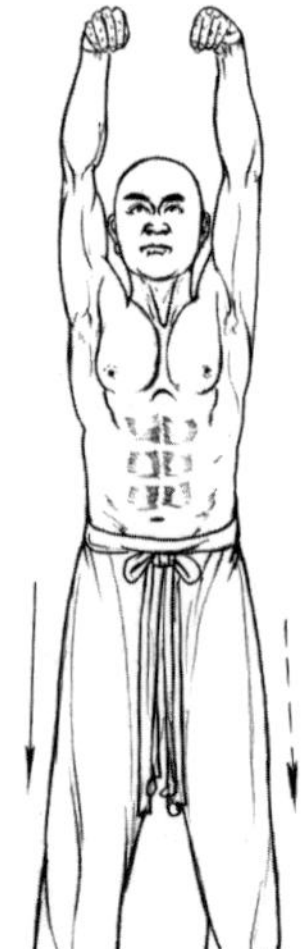

图3-39

图3-40

图3-41

图3-42

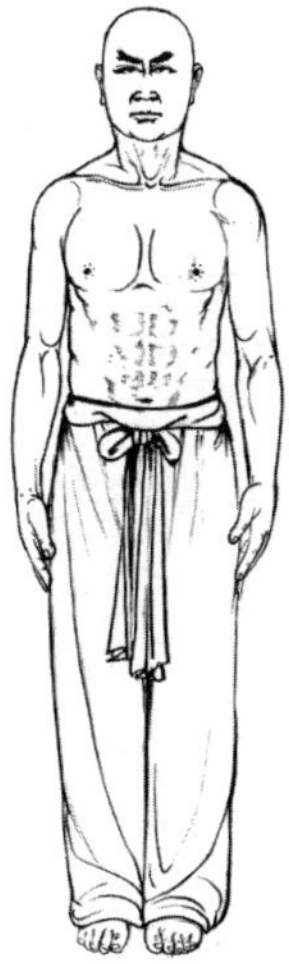

图3-43

第四章

南少林甘凤池外壮神勇八段锦图谱

练外之功，概以八法：曰提、曰举、曰推、曰拉、曰揪、曰按、曰抓、曰拧。

依此八法，努力行之，各行一遍，周而复始，不计其数。

久久成功，力充周身。用时照法取力，无不响应，骇人听闻，古所谓手托城闸、力能举鼎，俱非异事。

其八法若逐字单行，以次相及，更为精专，任从其便。

手托城闸图

一段锦　提法

提者，由下向上用力，如提重物者也。并步、开步、蹲马各行若干，以壮全体。（图4-1～图4-10）

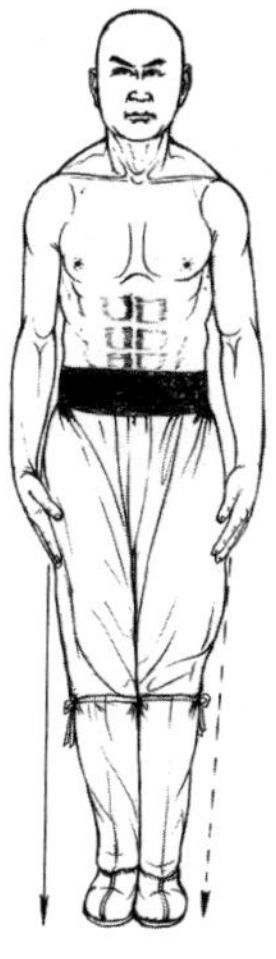

图4-1

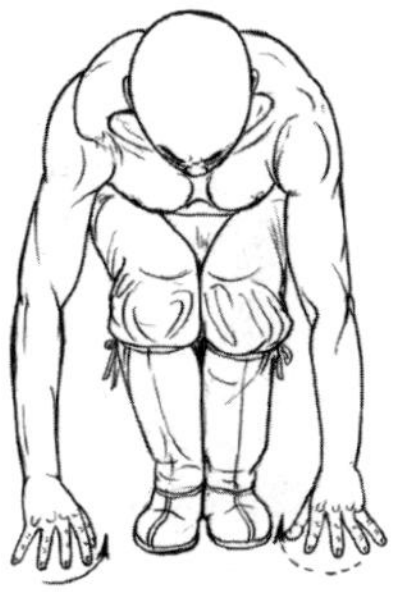

图4-2

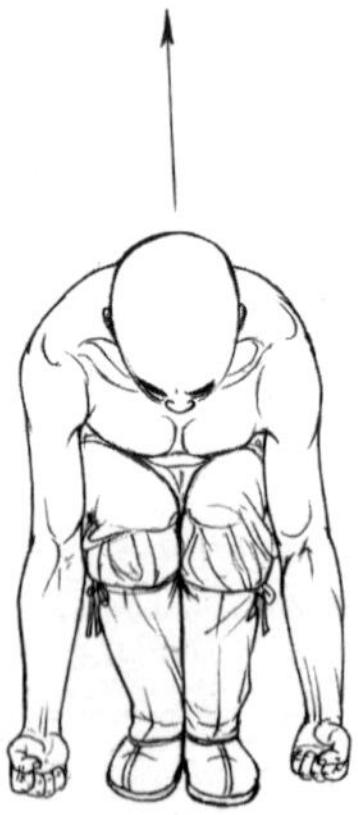

图4-3

图4-4

图4-5

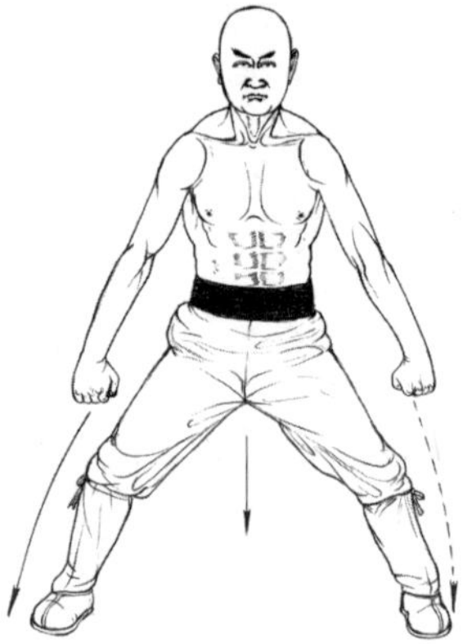

图4-6

图4-7

图4-8

图4-9

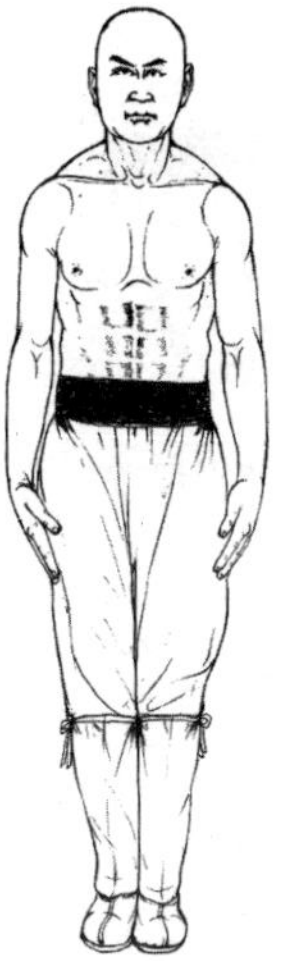

图4-10

二段锦　举法

举者，双手向上伸臂而托，犹如举重物者然。分单举、双举二法。（图4-11 ~ 图4-23）

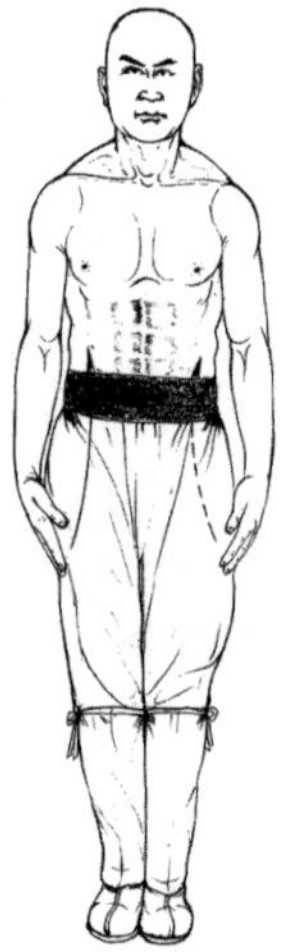

图4-11

图4-12

图4-13

图4-14

图4-15

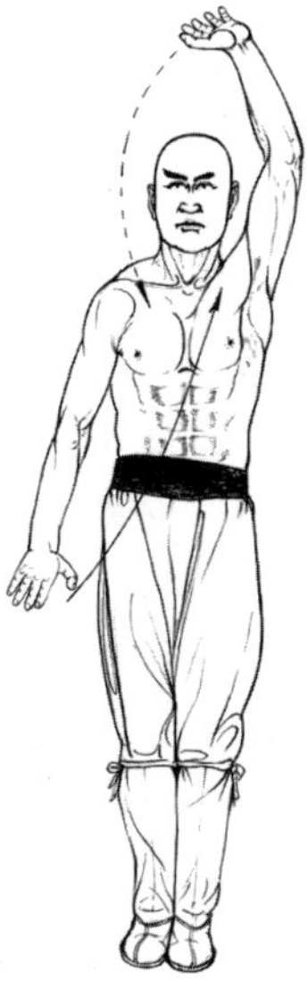

图4-16

图4-17

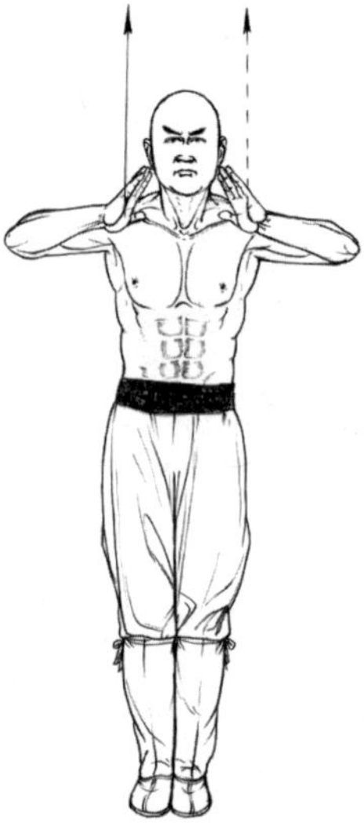

图4-18

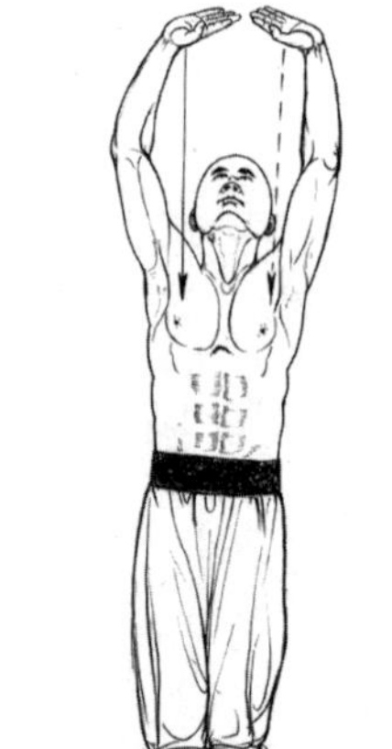

图4-19

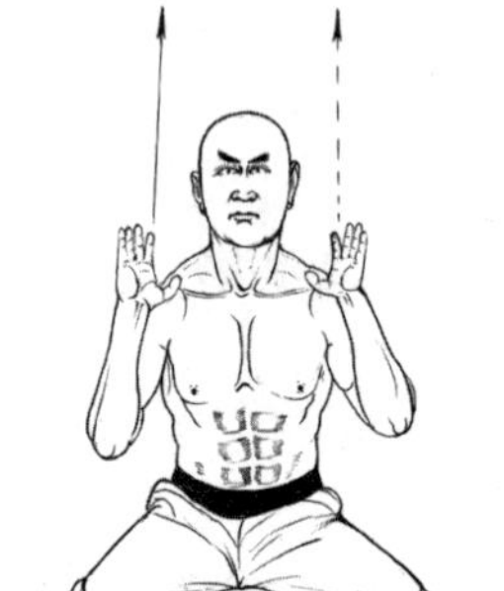

图4-20

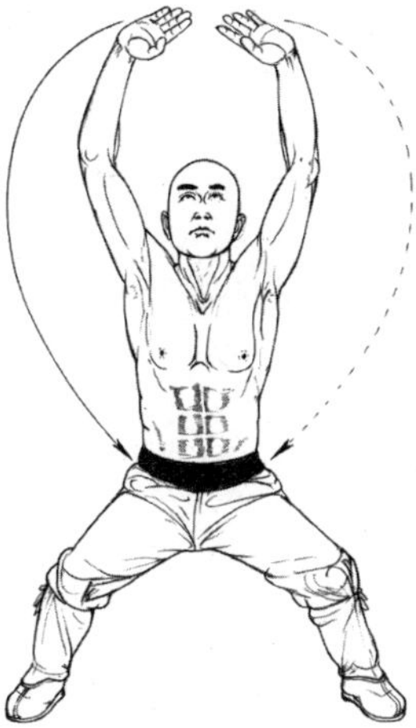

图4-21

图4-22

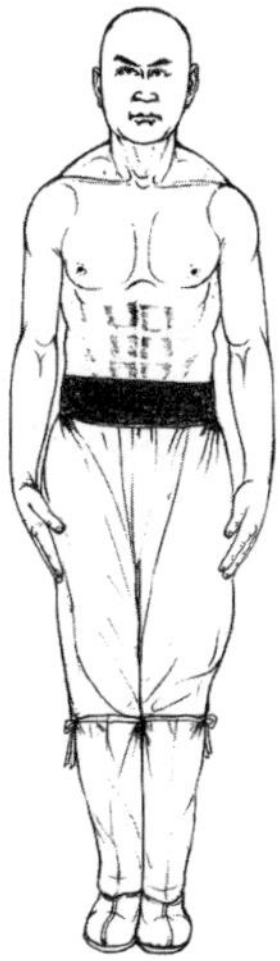

图4-23

三段锦　推法

推者，双掌坐腕立指，或前或上或左或右，如推重物者也。分并步、开马者行之。（图4-24 ~ 图4-39）

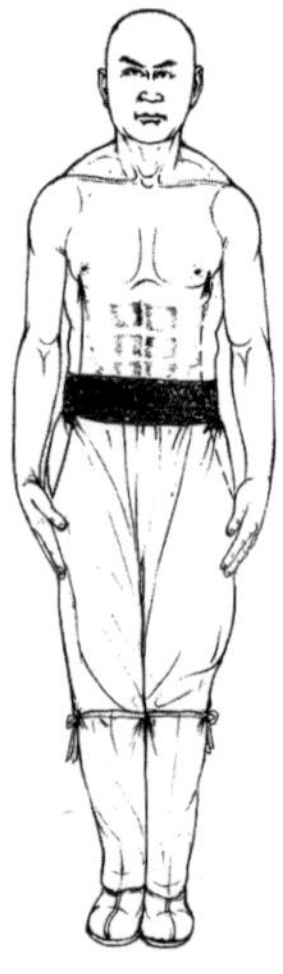

图4-24

图4-25

图4-26

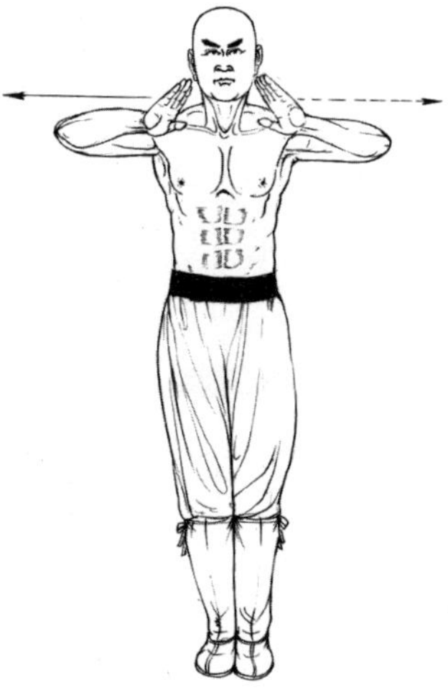

图4-27

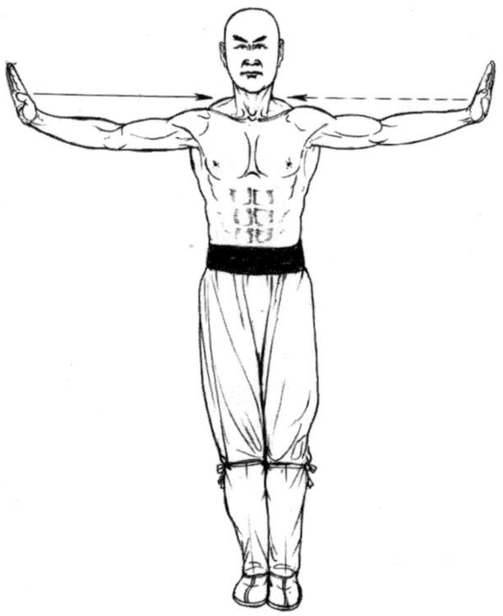

图4-28

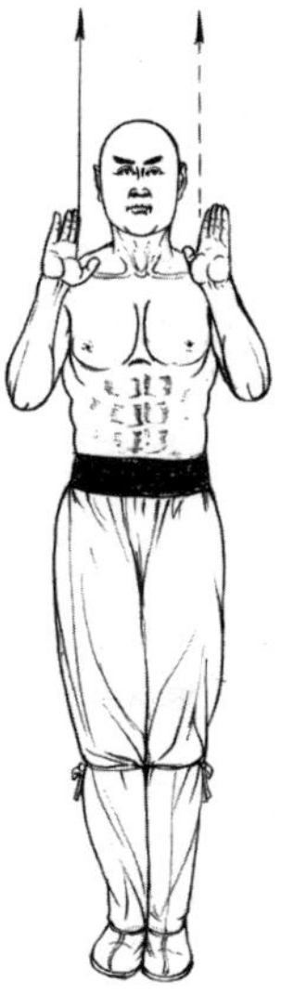

图4-29

图4-30

图4-31

图4-32

图4-33

图4-34

图4-35

图4-36

图4-37

图4-38

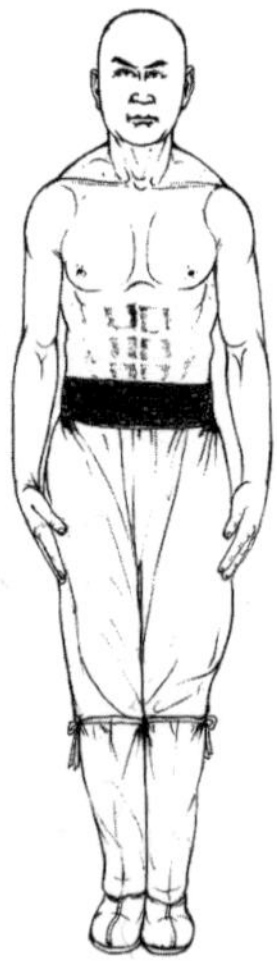

图4-39

四段锦　拉法

拉者，拽物拉回者是也，如开弓射箭，左右使然。（图4-40～图4-48）

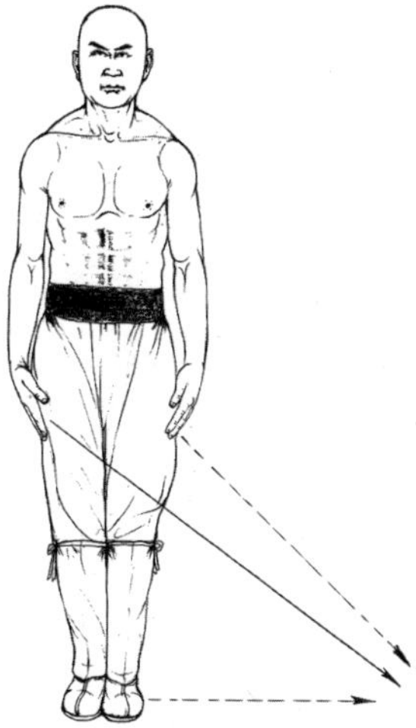

图4-40

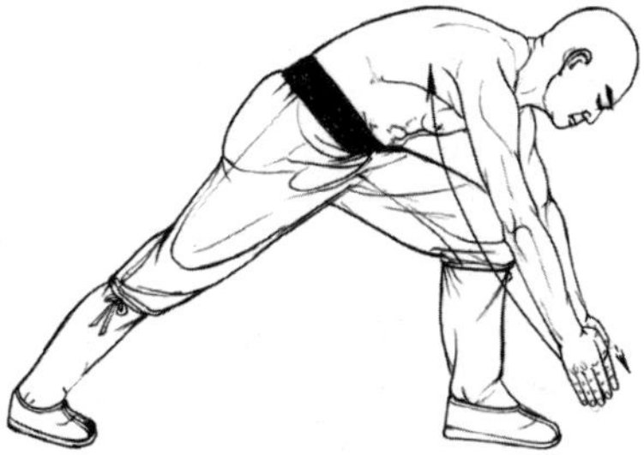

图4-41

图4-42

图4-43

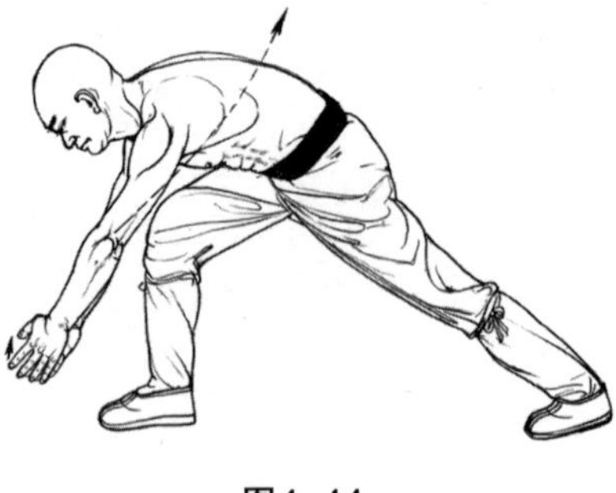

图4-44

图4-45

图4-46

图4-47

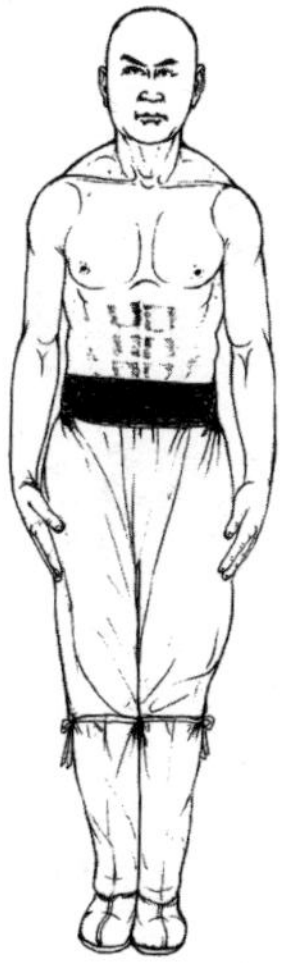

图4-48

五段锦　揪法

揪者，手握一物，旋转提扯是也。左右各行，交替而做之，以壮指力者然。（图4-49～图4-56）

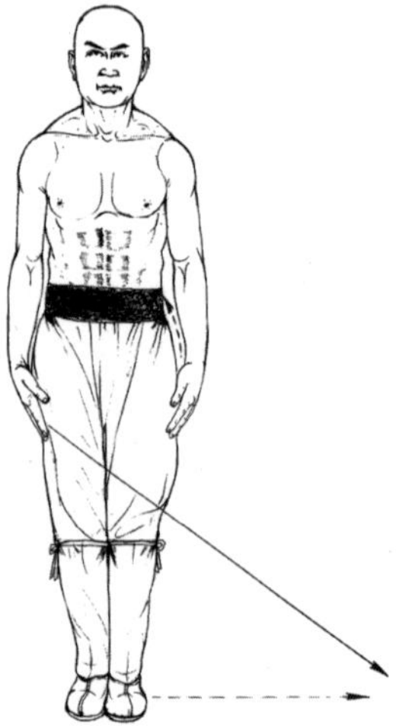

图4-49

图4-50

图4-51

图4-52

图4-53

图4-54

图4-55

图4-56

六段锦　按法

按者，两手由上向下用力，如按物然。骑马蹲桩，分正面双按、左右分按，皆聚力周身，贯于双掌者也。（图4–57 ~ 图4–63）

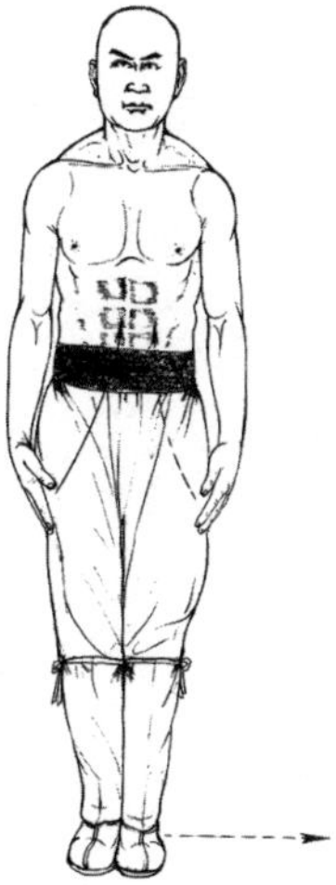

图4–57

图4–58

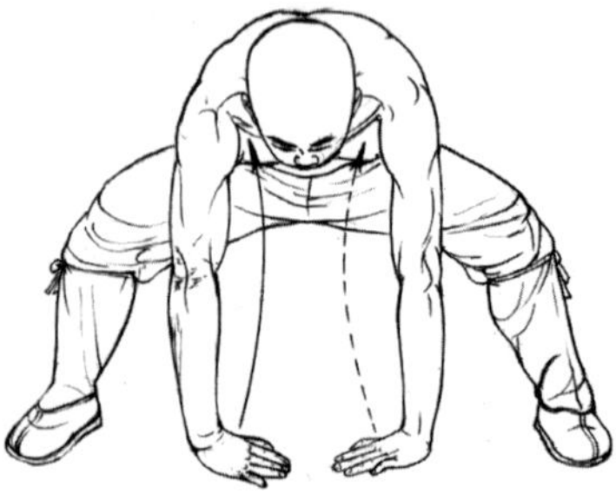

图4-59

图4-60

图4-61

图4-62

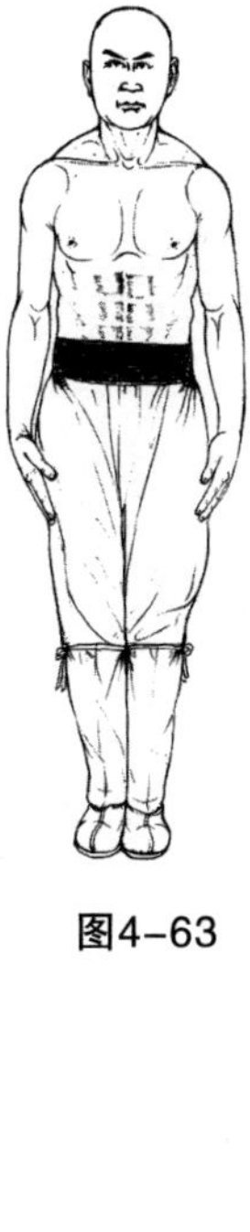

图4-63

七段锦　抓法

抓者，五指扣拢，握拳为抓。运力贯指，分前方、下方、左右、上方，抓拉使然也。（图4-64～图4-82）

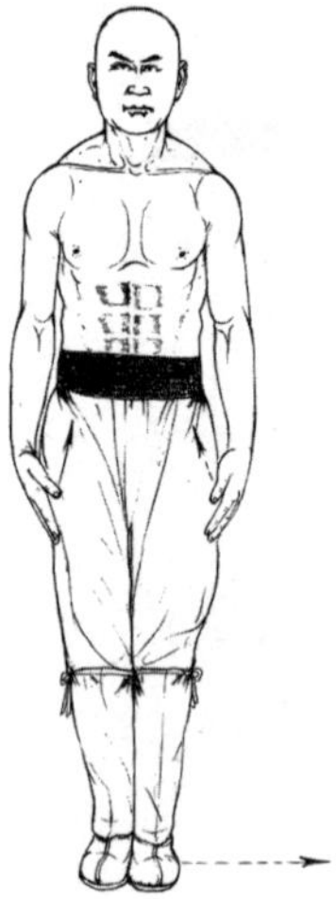

图4-64

图4-65

图4-66

图4-67

图4-68

图4-69

图4-70

图4-71

图4-72

图4-73

图4-74

图4-75

图4-76

图4-77

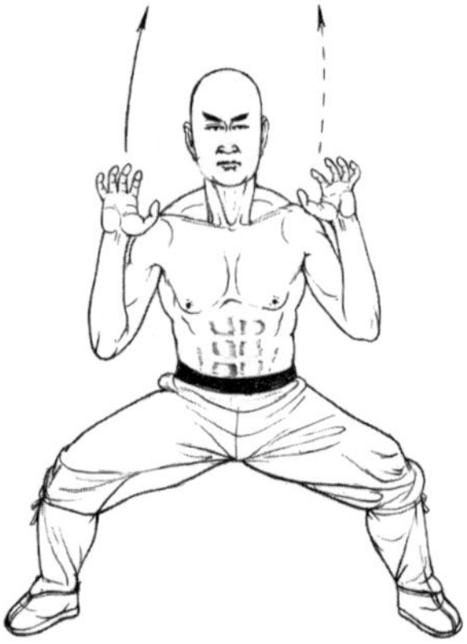

图4-78

图4-79

图4-80

图4-81

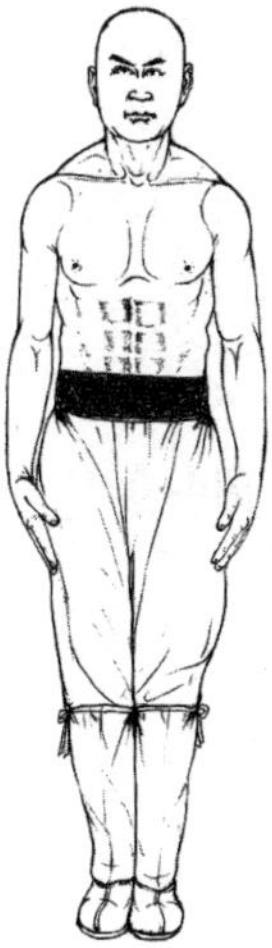

图4-82

八段锦　拧法

拧者，扣指旋劲者是也。分单手、双手，蹲马桩，全身聚力，贯注于腕指，旋运使之。（图4-83～图4-112）

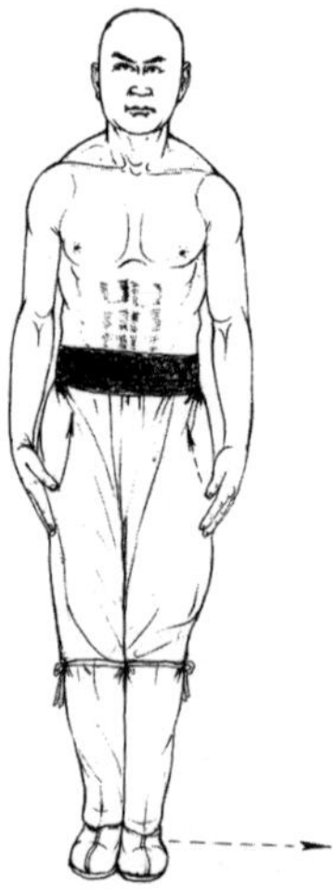

图4-83

图4-84

图4-85

图4-86

图4-87

图4-88

图4-89

图4-90

图4-91

图4-92

图4-93

图4-94

图4-95

图4-96

图4-97

图4-98

图4-99

图4-100

图4-101

图4-102

图4-103

图4-104

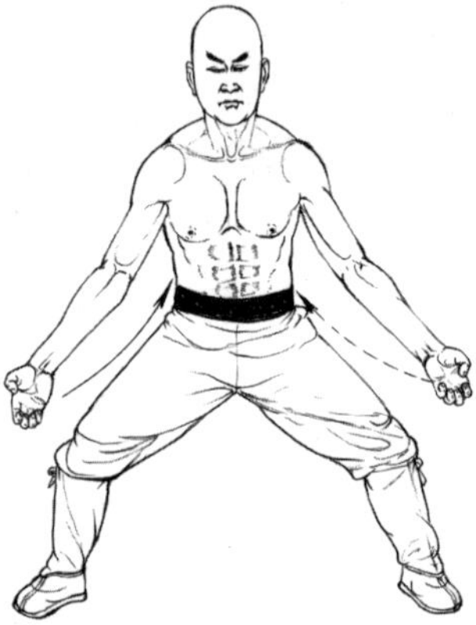

图4-105

图4-106

图4-107

图4-108

图4–109

图4–110

图4–111

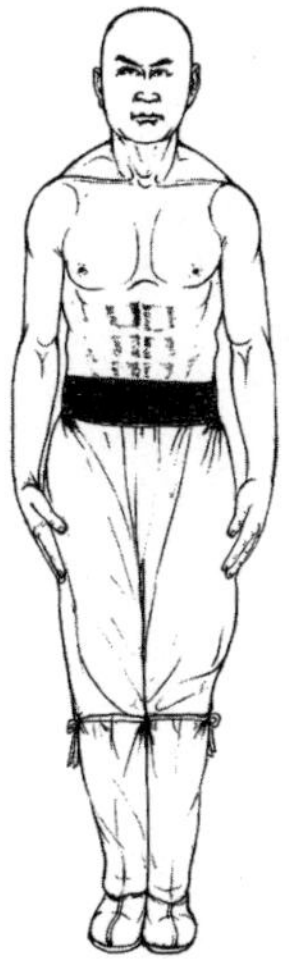

图4–112